OCCUPONS-NOUS

DE NOS

AFFAIRES

PAR

Ph. GARRAN de BALZAN

NE RETOMBONS PAS DANS L'ORNIÈRE.
TOUT CE QUI BRILLE N'EST PAS D'OR. — LA GUERRE.
OCCUPONS-NOUS DE NOS AFFAIRES.
QUI N'ENTEND QU'UNE CLOCHE N'ENTEND QU'UN SON.
LE PASSÉ ET L'AVENIR.

NI DRAPEAU BLANC, NI DRAPEAU ROUGE :
LE DRAPEAU TRICOLORE.

NIORT
IMPRIMERIE TH. MERCIER
1, RUE YVERS, 1
—
1871

OCCUPONS-NOUS DE NOS AFFAIRES

OCCUPONS-NOUS DE NOS AFFAIRES

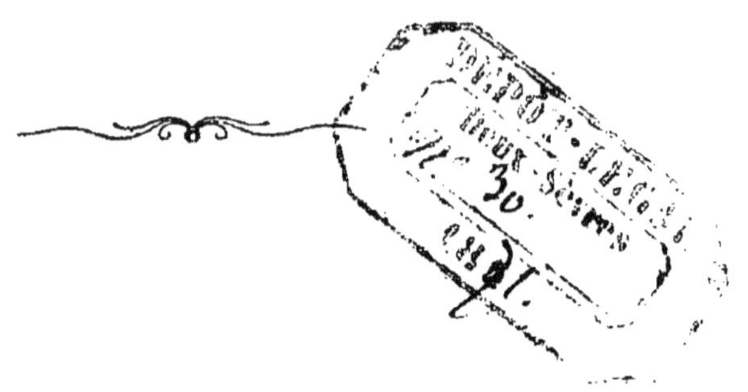

I

Ne retombons pas dans l'ornière.

Voici bientôt le moment de nommer nos conseillers généraux, c'est-à-dire ceux que nous chargerons de conduire à bien nos affaires, et qui devront veiller aux intérêts de nos communes, de notre canton.

C'est donc le cas de réfléchir et d'ouvrir les yeux pour ne pas nous tromper dans notre choix; c'est le cas de se dire qu'il faut éviter de retomber dans l'ornière, car elle est profonde l'ornière où nous sommes enfoncés, et il faut que tout le monde pousse à la roue avec ensemble pour en sortir.

Quand je songe à toute la misère que nous ont causée la bassesse et la lâcheté de certains hommes, je frémis pour notre avenir, en me rappelant ce que nous avons vu. Vous pensez bien que ces choses ne s'oublieront pas vite, et nos petits-enfants en parleront longtemps après nous.

Je ne veux pas vous entretenir de toutes les misères qu'ont supportées nos pauvres soldats. On ne s'en fait que trop facilement l'idée, et le cœur en saigne ; nous les avons entendu raconter par un fils, un parent, un ami, et il ne servirait à rien de revenir sur les souffrances qu'ils ont endurées. Mais je ne peux pas m'empêcher de songer qu'avec des conseillers fermement résolus à soutenir nos intérêts à nous, nous aurions pu éviter tout ce mal. Il est vrai qu'avec le plébiscite, l'empereur avait le droit de faire à son gré la paix ou la guerre, et que, quand bien même nos députés ou nos conseillers généraux lui auraient fait toutes les prières pour conserver la paix, il pouvait les mettre à la porte sans les écouter : Aussi, j'ai toujours pensé que ce plébiscite avait été un grand malheur et que ceux qui l'avaient conseillé n'avaient guère souci de notre contentement.

II

Tout ce qui brille n'est pas d'or.

Cependant, si vous vous rappelez, c'était le temps des belles promesses ; ça coûte si peu de promettre quand on a l'intention de ne pas tenir. Celui qui n'est pas honnête oublie la parole donnée et trouve toujours trente-six raisons pour se justifier. A écouter les gens qui nous flattaient pour avoir nos votes, on aurait cru qu'il n'y avait qu'à suivre leurs conseils pour que le commerce marchât toujours bien, pour que la moisson fût toujours bonne, pour que l'on eût toujours la paix, pour que la récolte des foins fût toujours abondante. Que sais-je, moi ; je ne me souviens plus de la kyrielle, tant c'était long. Ah ! c'était beau, et, quoique malins, beaucoup s'y laissaient prendre. Je vois encore les affiches de M. le préfet, et j'entends, comme si j'y étais, les compliments que ses amis racontaient à chacun.

Malheureusement, il ne faut pas se payer de promesses, et tout ce qui brille n'est pas d'or !

III

La guerre.

La récolte fut médiocre, et le foin était si rare, qu'on vit des fermes qui en ramassaient d'habitude 50 mille n'en pas serrer assez pour nourrir seulement deux vaches. Le commerce marchait déjà mal, et, pour tout arranger, la guerre éclata contre la Prusse. Encore, si on avait été victorieux, on aurait pu en tirer quelque chose : la Prusse ne nous l'a que trop montré ; mais il n'y eût tout d'abord qu'incapacité, trahison.

Disons-le, car il est temps de voir clair dans nos affaires; il y en a qui ont fait leur devoir, et si chacun avait tenu ferme comme notre brave colonel Denfert, nous serions venus à bout de cette guerre à notre honneur. Mais combien ont failli; et puis, organisés comme nous l'étions, avec la quantité de canons et de soldats qu'avaient les Prussiens, n'y avait-il pas vingt chances contre une pour que le malheur arrivât?...

Aussi, monsieur Thiers, qui y voyait de loin, ne cessait-il de répéter qu'il ne fallait pas faire cette guerre; les républicains le disaient aussi et, en parlant de cette manière, ils montraient qu'ils avaient plus de bons sens que quelques maires ne voulaient le laisser croire.

Enfin, l'ennemi avançait vite, et cependant on ne perdait pas trop courage; lorsqu'arriva la nouvelle de la capitulation de Sedan, ce fut un rude coup, on ne voulait pas croire à tant de honte. Quand on sut toute la vérité, il fallut bien se résigner.

La République ramena l'espérance; Paris soutint vaillamment la lutte; on croyait que Bazaine tiendrait ferme; de nouvelles armées s'organisaient en province; malheureusement, nous ne savions aucun faire l'exercice, et nous n'avions pas le temps de l'apprendre.

Vous savez aussi bien que moi comment la capitulation de Metz fut cause de nos derniers malheurs; et maintenant, sans parler des canons que nous avons perdus, des provinces qu'il a fallu céder, des hommes qui sont morts dans cette malheureuse guerre, sans parler des souffrances qu'ont endurées pour l'ambition de quelques grands misérables nos pauvres soldats prisonniers, nous avons à payer aux Prussiens 5 milliards; nous avons à compter aussi sur 1 milliard et demi au moins que la guerre nous a coûté, et l'ennemi est encore chez nous.

Voilà le présent, et il faut bien le regarder en face, si nous ne voulons pas que les Prussiens se fassent eux-mêmes droit; et ils ont une manière de se faire justice qui ne fait pas rire.

VI

Occupons-nous de nos affaires.

Je sais bien que nos députés sont chargés de voir à tout cela; mais il n'y a pas de mal à ce que nous y voyons un peu nous-mêmes. Dans une ferme, il arrive souvent qu'on a un granger qui veille au bétail, mais ça n'empêche pas que le maître ne regarde si tout est fait comme ça doit être. S'il n'est pas content, il ne se gêne pas pour y mettre ordre. C'est au moins de cette manière qu'il est prudent d'agir.

Eh bien, le maître, c'est nous; je ne veux pas dire trop de mal sur la façon dont nos députés se sont occupés de faire face à nos engagements; il y a certainement quelques impôts qui me semblent mauvais; mais chacun peut se dire que sous ce rapport il serait bien embarrassé s'il tenait la queue de la poële; et puis on ne trouve pas 3 à 400 millions d'impôts entre les quatre pattes d'un chien, et c'est pourtant cela qu'il nous faut faire sortir de nos poches tous les ans, en plus de ce que nous avons déjà.

Mais ce que je veux vous dire, c'est ceci :

Le premier économisé est le premier gagné, n'est-ce pas ? Eh bien, il me semble que nous devons d'abord exiger qu'on fasse des économies.

Puisque nos députés sont en vacances, faisons-leur savoir que nous ne voulons plus de toutes ces dépenses de luxe qui ne profitent trop souvent qu'aux fainéants. Exigeons-le aussi de ceux qui nous demanderont nos votes pour le conseil d'arrondissement, pour le conseil général. C'est que ce n'est pas maintenant une petite affaire. Remarquez ce que je vous dis.

Avant que nous fussions en République, c'était le préfet qui faisait quasi tout dans le département; les sous-préfets pouvaient bien aider à quelque chose, mais à peu de chose, ma foi, si ce n'est, quand venaient les élections, à enjôler le plus possible les électeurs pour leur faire faire de beaux coups !... Vous savez ce que je veux dire. Eh bien, les préfets, qui venaient souvent de plus de cent lieues, écoutaient naturellement ceux qui les flattaient le plus, puisqu'ils n'avaient rien à y perdre ; souvent, par mauvaise volonté ou par ignorance, ils faisaient passer avant les travaux les plus utiles ceux qui pouvaient attendre, et malheureusement ils avaient autour d'eux trop d'hommes disposés à les applaudir sans se soucier de nos réclamations.

Aussi, regardez autour de vous et vous trouverez peut-être quelque route qui a été classée et qui n'était pas, il s'en faut, aussi indispensable que telle autre que vous attendez ; telle école que vous n'avez pas encore, tel pont qui a été négligé et qui était de première utilité ; vous n'avez pas des yeux pour les garder dans votre poche.

Aujourd'hui, les affaires ne vont plus se passer de la même manière, et je n'y vois pas de mal.

Le conseil général sera chargé de veiller au grain lui-même, et ce serait trop long de vous dire ici toutes les questions qu'il jugera seul ; mais, si vous avez de la patience, vous ferez bien de le regarder dans la loi. Bref, c'est pour ainsi dire lui qui va gérer toutes les affaires qui nous touchent de plus près, et une commission permanente qu'il nommera dans son sein devra le remplacer en dehors de ses réunions. Monsieur le préfet pourra faire toutes les explications qu'il croira bon de présenter au conseil, mais il ne prendra aucune part aux votes et il sera chargé d'exécuter les décisions du conseil général.

Vous voyez, je pense, quelle importance a maintenant ce petit bulletin que nous mettons dans l'urne ; et ce serait renoncer à nos droits que de ne pas aller voter pour le candidat que nous jugerons le meilleur.

V

Qui n'entend qu'une cloche n'entend qu'un son.

Informez-vous donc aux uns, aux autres, de ce qu'on peut attendre de M. Pierre, de M. Paul ; et si je dis *aux uns, aux autres*, c'est parce que je sais que qui n'entend qu'une cloche n'entend qu'un son, et que je connais plus d'une vieille cloche fêlée, plus d'une horloge qui retarde. De même que j'en sais quelques-unes qui avancent trop. Mais j'en sais beaucoup de bonnes, et, avec un peu de jugement et de réflexion, il est aussi facile de s'y retrouver que de séparer avec un bon trieur le blé de semence des graines qu'on rebute.

Avant tout, il ne nous faut plus de ces grands

parleurs qui avaient toujours les promesses tentatrices à la bouche. Celui qui promet moins, mais qui est de parole, celui-là mérite notre confiance, s'il veut d'ailleurs assurer l'ordre, la paix, la liberté, faciliter et encourager le commerce, répandre l'instruction, s'il est, dans toute l'acception du mot, homme de bien.

Pour en juger, ce n'est pas de trop d'y regarder de près, car il arrive souvent que les apparences sont trompeuses, et ceux qui ont la mémoire courte ne sont pas rares.

Je ne vous apprendrai pas grand chose en vous disant : Ne prenez pas pour mot d'évangile les conseils de ceux qui ont eu assez peu de clairvoyance ou assez d'égoïsme pour applaudir à la guerre quand elle fut déclarée il n'y a pas beaucoup plus d'un an. Rappelez-vous ce qu'étaient les candidatures officielles ; cherchez au fond du sac, ne vous contentez pas de l'étiquette. Je n'ai pas besoin d'insister ; votre prudence, j'en suis certain, vous sera un bon guide.

VI

Le passé et l'avenir.

Mais, sans négliger le passé, n'oublions pas de nous préccuper un peu de l'avenir.

On en parle beaucoup de l'avenir, c'est naturel ;

les uns en bien, les autres en mal. Il est rare, en effet, que tout le monde pense de la même manière. Il en sera toujours ainsi.

Cependant le bon sens se trouve d'un côté, et je ne crois pas qu'il soit difficile d'être d'accord avec lui. Eh bien, il me semble que ce que nous avons vu jusqu'à présent doit nous donner bon espoir dans l'avenir, malgré tous nos malheurs.

Depuis que la paix a été signée, il s'est passé, entre autres, trois faits très graves à des points de vue différents : D'abord l'insurrection qui a ensanglanté Paris et dont les actes ont comblé la mesure de nos hontes. La République en a triomphé cependant, et ce n'était pas chose facile, ceux qui s'y sont trouvés l'ont dit et je le crois; d'aucuns affirment même que si la France avait été gouvernée à ce moment-là par un roi ou par un empereur, la guerre civile eût éclaté dans toutes les grandes villes, et je me demande comment nous en serions sortis.

Je me dis donc que l'ordre est assuré, et vous conviendrez avec moi que c'est quelque chose.

Je vois aussi que les affaires reprennent, que le commerce se relève, que la confiance renaît enfin, et la preuve la plus forte, n'est-ce pas cet emprunt de deux milliards, couvert deux fois et demi en moins d'une journée. C'est encore quelque chose apparemment; car, vous le savez comme moi, rien de plus craintif que les capitaux; et pourtant ils ont afflué: c'est bon signe.

Puis, quand sont venues, il y a deux mois, des élections partielles à la députation, n'avons-nous pas vu nommer une forte majorité d'hommes convaincus que le gouvernement, à la tête duquel est M. Thiers, peut seul assurer et consolider l'avenir de la France?

Pour dire tout, il était temps qu'ils arrivassent, car je veux vous parler d'une chose que beaucoup savent, mais que quelques-uns ignorent, j'en suis bien sûr.

Vous vous rappelez comment on a nommé l'Assemblée nationale; c'était sur la question de paix ou de guerre; une sorte de oui ou de non comme au plébiscite, à cette exception près cette fois que la majorité n'a pas été volée, puisque le plus grand nombre des députés était nommé pour faire la paix et que l'Assemblée l'a votée. Seulement, ce à quoi la plupart des électeurs n'avaient pas songé alors, c'était à l'opinion de ceux qu'on envoyait pour régler les affaires de la France avec la Prusse. Il se trouva ainsi qu'on nomma à la Chambre bon nombre de députés impatients de saisir le moment favorable pour mettre de côté le gouvernement établi, bon nombre de légitimistes, partisans d'Henri V et de tout ce qui s'ensuit.

Heureusement, M. Thiers, le président de la

République, veillait, et certaines pétitions de leurs amis ne leur ont pas été très favorables. J'ai toujours cru qu'il était sage de laisser les voisins arranger entr'eux leurs affaires. Il paraît que ce n'était pas l'avis de ces messieurs ; on l'a bien vu.

La Chambre s'est trouvée saisie un beau jour d'une pétition d'un certain nombre d'évêques demandant qu'on intervînt entre le pape, comme souverain temporel, et le roi d'Italie. Ce n'était pas peu de chose, et nous aurions peut-être eu la guerre si nous avions mis le doigt dans cette affaire. Mon avis est que la Prusse, qui nous guette, aurait profité de nos embarras pour nous tirer quelque autre plume de l'aile, et je trouve que ces plumes-là coûtent trop cher : 1 milliard pour chacune, c'est un peu trop pour qu'on n'y regarde pas à deux fois. Eh bien, je crois que le résultat des élections partielles ne fut pas pour peu dans le vote prudent qu'émit l'Assemblée nationale sur cette grosse question.

VII

Ni drapeau blanc, ni drapeau rouge : le drapeau tricolore.

Pour en revenir à ceux qui rêveraient de nous imposer Henri V ou quelque autre prétendant, il ne faut pas manquer de saisir l'occasion qui se présente de manifester notre volonté à ce sujet.

Gardons-nous de nommer au conseil général, au conseil d'arrondissement, eux ou leurs amis. Si nous n'y prenions garde, avant longtemps ils se caseraient dans toutes les places vides ; ils mettraient leurs hommes partout, et le gouvernement qui peut seul nous sauver serait bientôt mis à la porte.

Les suites en seraient trop graves pour que nous ne nous y opposions pas en nommant au conseil général, au conseil d'arrondissement, des hommes disposés à soutenir énergiquement nos intérêts contre tout envahissement qui pourrait restreindre nos libertés et porter atteinte à l'ordre et à la paix.

Nous ne voulons ni du drapeau *blanc*, ni du drapeau *rouge* : c'est le despotisme aux deux extrêmes ; nous voulons le paisible développement de tout ce qui peut contribuer à relever notre chère France. M. Thiers a mérité notre confiance jusqu'à jour ; nous croyons qu'il continuera à la justifier.

Notre drapeau est le drapeau *tricolore,* et sa devise signifie :

ORDRE, PAIX, ESPÉRANCE.

PH. GARRAN DE BALZAN.

Saint-Maixent, 28 septembre 1871.